UNE COMMUNE BÉNÉDICTINE

AVANT LA RÉVOLUTION

VILLA DE ASPERIS

PAR

MM. A. & J. DE B.

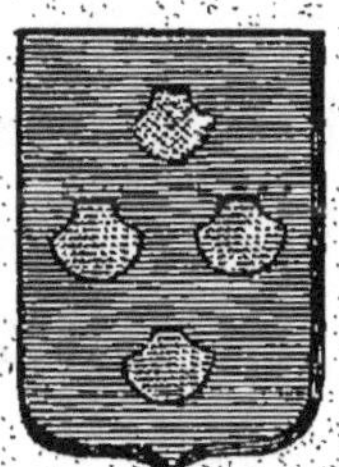

PARIS

E. DE SOYE ET FILS, IMPRIMEURS

18, RUE DES FOSSÉS-SAINT-JACQUES, 18

1884

VILLA DE ASPERIS

VILLA DE ASPERIS

PAR

MM. A. & J. DE B.

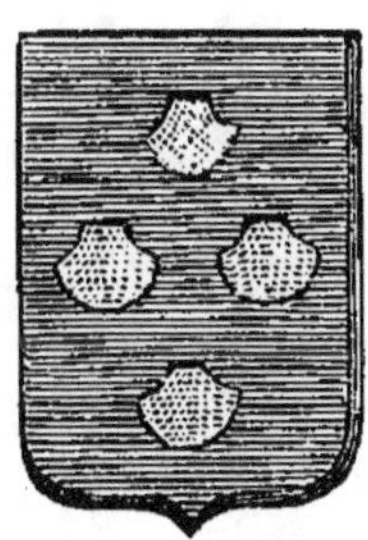

PARIS

E. DE SOYE ET FILS, IMPRIMEURS

18, RUE DES FOSSÉS-SAINT-JACQUES, 18

1884

VILLA DE ASPERIS

Cette étude a été inspirée par un travail récent et plein d'intérêt
r le régime municipal au moyen âge d'après la *Loi de Vervins*. C'est
nsi que l'on désigne la charte accordée par Raoul de Coucy aux
ommes de Vervins, ses vassaux, en 1163. Nous pensons que les
ommes de la France du dix-neuvième siècle ne perdraient rien de
urs libertés civiles, ni même de leurs libertés politiques, s'ils n'a-
ient d'autre constitution que celle du sire de Coucy. Quand on
nsidère de sang-froid les documents du passé, on se demande si ce
'on appelle le progrès moderne n'est pas un leurre, au moyen du-
el le peuple, en général d'autant moins clairvoyant qu'il a l'orgueil
 se croire plus éclairé, a été entraîné à la décadence. Sans doute,
ne serait pas sage de vouloir imposer à notre époque les lois d'un
tre temps. Les découvertes de la science, la marche de l'industrie
 du commerce, ont changé les rapports réciproques des individus
 des nations ; et les règles qui convenaient parfaitement autrefois
 peuvent plus s'appliquer aux conditions actuelles. Mais l'esprit
i dirigeait les modestes législateurs du moyen âge, le respect des
oits des petits, la modération, la charité, devraient être de tous les
cles : il est bon, il est utile d'en mettre des exemples sous les
ux de nos contemporains. C'est ce que nous voulons essayer à
tre tour.

On sait que le seigneur féodal était quelquefois d'église. Les
néfices ecclésiastiques possédaient en plusieurs lieux les droits
gneuriaux, et ce n'étaient pas leurs vassaux qui pouvaient se
indre de manquer de liberté ou d'être soumis à un gouvernement
p dur. Nous avons sous les yeux la copie d'une charte qui a
 rédigée en 1302, et dont la minute a été trois fois (1438, 1554,

et 1740) reconnue authentique par le parlement de Grenoble ; cette copie a été précisément transcrite par les greffiers de cette cour en 1740. C'est la législation écrite d'une commune (*universitas*), dont les Bénédictins étaient seigneurs. Or, si l'on veut bien nous lire, on verra que ce documeut renferme un exemple intéressant d'administration très paternelle et très libérale, au point qu'une confiance absolue entre les gouvernants et les gouvernés explique seule le fonctionnement et la longue durée de ce régime. Ce n'est pas un État d'une bien vaste étendue qui va faire l'objet de cette étude. La science, qui est comme illimitée dans ses résultats, est condamnée à s'appliquer d'abord à de petits échantillons, si l'on peut ainsi dire, des choses qu'elle prétend connaître ; elle emploie partout la méthode de la cristallographie, elle étudie les plus grandes roches dans de minuscules cristaux. La commune que nous allons essayer dé faire connaître n'est aujourd'hui qu'un fragment de canton : nous avons l'ambition de contribuer ainsi à l'histoire archéologique de notre pays.

I

A la fin du neuvième siècle (856-920), vivait à Aurillac, en Auvergne, *Geraldus*, comte de cette ville. Il était arrière-petit-fils, par sa grand'mère, Mathilde, de Charlemagne. Cette haute descendance explique suffisamment l'origine des vastes domaines que possédait le comte d'Aurillac, jusque dans la province qui plus tard prendra le nom de Dauphiné. Ce qui vaut mieux que d'être un grand propriétaire, Géraud fut un saint, et il a eu pour biographe un autre saint, Odon de Cluny. Désireux de procurer autant que possible le bien de ses vassaux, que les incursions des Normands et des Sarrasins venaient de désoler, il fonda parmi eux bon nombre de monastères, qu'il dédiait aux saints apôtres Pierre et Paul. Sa principale fondation est celle d'Aurillac (892) en faveur des Bénédictins. Le monastère reçut en don des propriétés considérables, et l'abbé fut investi du droit de suzeraineté sur toutes les terres concédées à ses moines par Géraud. Charles le Simple reconnut et confirma (899) l'autorité souveraine de l'abbé d'Aurillac. (V. Mgr Bouange, *Vie de saint Géraud.*)

Saint Géraud a fait sept fois le pèlerinage de Rome pour honorer les saints apôtres Pierre et Paul. Plusieurs de ses terres se trouvaient sur son chemin. L'une porte dans les vieilles chartes le nom de *Villa de Asperis*. Elle est située sur la route de Valence en Italie par le mont Genèvre, au point où cette route est coupée par celle de Grenoble à Marseille, dans la vallée du *Buëch* (1). Au moyen âge, *Villa de Asperis* était fortifié. Un mur d'enceinte flanqué de tours serrait, comme une ceinture, ses maisons autour d'un mamelon, sur le sommet duquel s'élevait un château fort (*fortalitium*), appelé alors *Castrum sancti Geraldi*. D'autres habitations s'étaient successivement élevées près des murailles, sous la protection du château, et l'on voyait, hors de l'enceinte à des distances diverses, quatre groupes ou faubourgs portant les noms du *Bourg*, du *Serre d'Aurillac*, de *Saint-Hippolyte* et de *la Malatière*. A la Malatière était un hôpital, et près de Saint-Hippolyte un hospice pour les pèlerins et les pauvres.

Or, *Villa de Asperis* fut donné par saint Géraud à son monastère d'Aurillac sous la forme et le titre de prieuré. On lit dans une vieille charte traduite en 1612 par notaire royal : « Quand saint Géraud fit deffier le monastère d'Aurilhac, furent ordonnés et statués deux prieurés demy-conventuels comme sont Sailhans et Aspres, lesquels furent fondés à l'honneur de Dieu, saint Pierre et saint Paul et deñs (dudit) saint Gérauld, avec leurs appartenances et subjections... » A quelle date précise eut lieu cette fondation, il serait difficile de le dire. Le passage que nous venons de rapporter ne permet pas, croyons-nous, de descendre plus bas que 950. Des bulles de Nicolas II (1065), Alexandre II (1068) et Urbain II (1095), sont les plus anciens monuments écrits qui constatent l'existence du prieuré bénédictin *de Asperis*. Il eut pour siège précisément le château fort de saint Géraud.

Telle est la vieille commune, nous devrions dire la petite principauté sur laquelle nous voulons appeler un instant l'attention de nos lecteurs. Elle fut libre longtemps avant ce qu'on a nommé l'époque de l'émancipation des communes ; bien plus, elle fut et elle est restée indépendante jusqu'à la révolution, ne reconnaissant d'autre prince que le prieur de son couvent forteresse, sous la seule suzeraineté de l'abbé d'Aurillac. Cette particularité est assez étrange pour qu'il soit à propos d'en donner quelques preuves.

(1) M. l'abbé Guillaume a constaté récemment les vestiges d'une voie romaine, au-dessous d'un plateau où l'on vient de découvrir les restes d'un *castrum* romain.

Nous avons dit que saint Géraud avait investi l'abbé d'Aurillac du droit de suzeraineté temporelle sur toutes les terres qu'il avait données à son ordre, et que Charles le Simple avait reconnu et approuvé cette investiture. La pape Alexandre II, en 1068, publia une bulle en faveur du monastère d'Aurillac, dans laquelle il est interdit à tout roi, évêque ou seigneur, de s'arroger le droit de rendre la justice dans les terres de l'Abbaye. (V. Mgr Bouange, *Vie de saint Géraud*.) Notre charte va nous fournir des arguments plus précis.

Rédigée en 1302, par Dragonet de Montauban, abbé d'Aurillac, Pierre Bouche, Prieur *de Asperis*, Giraudus de Triviis et Guillelmus Symeonis, ces deux derniers consuls et représentants de *Villa de Asperis*, tous agissant de concert, elle n'est en somme qu'une reconnaissance officielle, avec quelques corrections, des lois et coutumes observées de temps immémorial dans le Prieuré (1). L'art de créer des lois et des constitutions *a priori*, c'est-à-dire à l'aventure, n'était pas encore inventé. Or voici la teneur du premier statut : « Avant tout, nous statuons et ordonnons que tous les hommes *de Asperis*, présents et futurs, leurs héritiers et successeurs, reconnaissent en la personne du Seigneur Pierre Bouche, prieur *de Asperis* au nom de la dite Église du bienheureux Géraud, et en celle des prieurs ses successeurs à venir dans la même Église de Saint-Géraud *de Asperis*, a et doit avoir, de droit et de plein droit et de coutume, plein domaine et seigneurie et juridiction complète avec puissance (*imperium*) pure et mixte sur le bourg *de Asperis* et sur tout son territoire, et que tous et chacun des hommes dudit lieu sont les hommes francs et libres de la dite Église *de Asperis* et qu'ils n'ont aucun autre seigneur et qu'ils ne se rappellent pas en avoir eu d'autre de temps immémorial. » Après ces mots, l'hommage lige et le serment de fidélité au Prieur est ordonné. Par une fiction pieuse, c'est l'église du saint qui est

(1) « Statuta, ordinationes, conventiones, leges municipales infra scriptas, quæ etiam fuerunt loco et tempore in loco de Asperis observatæ confirmaverunt et ratificaverunt et etiam approbaverunt... » (*Statuts.*)

Cette charte se termine par ces mots : « Actum et factum apud Asperos in domo sancti Geraldi, in fornello in quo consuetum est consilium facere per homines dicti loci, coram testibus infra scriptis, vocatis pariter et rogatis, videlicet discretis et sapientibus viris : Dominis Petro de Ramo, jurisperito de Sisterico, Eynardo Grani, priore de Ardino, Francisco Grapii, de Sisterico, Pontio Chaysi, Gerardo Freycheti de Vapinco et Bertrando de Petra monacho, et pluribus aliis. »

souveraine et qui possède tous les droits de la souveraineté : le Prieur les exerce en son nom, sauf toujours la suzeraineté de l'abbé d'Aurillac.

Autre preuve. L'administration de la justice ne pouvant prétendre à l'infaillibilité, comporte, comme correctif, la voie des appels. Tout pouvoir judiciaire équitablement constitué doit autoriser les appels d'un tribunal inférieur à un tribunal supérieur, jusqu'à l'autorité suprême et dernière. Or nos *Statuts* autorisent deux recours, ni plus ni moins. Du juge ordinaire les hommes *de Asperis* pouvaient appeler au Prieur, qui alors instituait de nouveaux juges ou bien jugeait par lui-même, et de cette deuxième sentence, ils pouvaient appeler à l'abbé d'Aurillac, qui jugeait souverainement.

Les *Statuts* prévoient avec un soin jaloux tout ce qui pourrait porter atteinte à cette prérogative souveraine. Il était absolument interdit de s'adresser à aucun tribunal étranger, et la défense est rédigée en des termes dont la sévérité significative contraste avec le ton ordinaire de l'antique législateur. Qu'on nous permette de citer tout ce passage.

« Nous statuons et ordonnons que nul homme *de Asperis* ne puisse accuser, ni dénoncer, ni faire citer un autre homme *de Asperis* ou ayant seulement maison ou possession dans la ville ou dans le territoire *de Asperis*, ni faire convention ou translation de droits, devant un juge séculier ou ecclésiastique pour cause de dette pécuniaire, de propriété territoriale ou autre, de pacte ou de contrat, sinon devant le juge et la cour du Seigneur Prieur *de Asperis*, sauf les causes matrimoniales, les dîmes ou autres semblables causes spirituelles dont le juge séculier ne peut connaître (1). Le contrevenant sera tenu de libérer son adversaire de toutes les dépenses qu'il lui aura occasionnées, de le tirer indemne de la cour où il l'aura cité, et de réparer intégralement tous les dommages qu'il aura éprouvés par suite de la citation ou de l'accusation ; et ce, à la poursuite de la cour du dit Seigneur Prieur. Pour cette fin le dit Seigneur Prieur, par lui-même ou par sa cour, autant qu'il lui sera possible, sera tenu d'empêcher de telles citations et accusations, de forcer les contrevenants à la restitution des frais et des dommages comme il a été dit, et d'être prêt à rendre pleine justice aux plaignants. »

(1) Ces causes ressortissaient à la cour de l'Évêque.

*

Les usurpations étaient à craindre, et il importait grandement de n'y pas donner occasion. Ce danger détermina le législateur à mettre une entrave à la liberté, d'ailleurs presque complète, de transiger et de tester. Quiconque avait quelque lambeau de droit seigneurial ne pouvait rien acquérir à *Villa de Asperis* ni sur son territoire. « Nous statuons et ordonnons, disent les *Statuts*, que soit l'*université* des hommes *de Asperis*, soit tout individu, homme ou femme, petit ou grand, vieux ou jeune *de Asperis*, ou tout autre ayant actuellement ou dans l'avenir pension, ou bien meuble ou immeuble, ou *cassias* (chasse?), ou consulat, ou tailles, ou services, ou maisons dans la ville ou sur le territoire *de Asperis*, ne puisse aliéner aucune de ces choses, ni par vente, ni par échange, ni par cession, ni par gage, ni d'aucune autre manière transférer son droit à un tiers, si celui-ci est roi, comte, vicomte, baron ou châtelain, ou leur représentant, sans licence et consentement du Seigneur Prieur et du chapitre de ses moines. En cas de contravention, le Seigneur Prieur et sa cour, sans procès et sans contestation, auront la faculté d'occuper et de retenir réellement de leur propre autorité, au nom de l'Église de saint Géraud, la chose ainsi aliénée. »

A l'égard des religieux, la défiance se fait encore jour, mais elle prend une autre forme. Nous en trouvons la trace au chapitre des successions, où on lit : « Si un legs est fait en faveur de seigneurs ou de religieux établis hors du territoire *de Asperis*, le seigneur ou les religieux seront tenus, dans le courant de l'année qui suivra, de vendre à quelqu'un *de Asperis* la chose à eux laissée et léguée, à moins que ce ne fût une église ou une maison sur laquelle le Prieur aurait privilège. » Cette loi eut son application à l'égard des Chartreux de Durbon : ils furent forcés de vendre des terres que leur avait léguées sur le territoire *de Asperis* une pieuse testatrice (1). En cas de non-vente, la cour du Prieur entrait en possession du bien légué, et, après un an de séquestre, on en faisait quatre parts dont deux devenaient la propriété de l'église de saint Géraud;

(1) Il paraît que les Bénédictins du château fort de Saint-Géraud se montrèrent plus accommodants envers d'autres moines qui étaient de leur ordre. Sur la frontière sud-est de leur territoire, un petit prieuré a existé, et l'on peut voir encore aujourd'hui une maison de ferme bâtie par l'un des derniers Prieurs. Ce prieuré portait le nom du *Saint-Sépulcre*. Temporellement il dépendait en partie du Prieur *de Asperis*, mais son chef spirituel était ailleurs, paraît-il, à *Romette*, où était une abbaye de Bénédictins.

la troisième était attribuée aux pauvres ou employée en bonnes
œuvres, et la quatrième était consacrée aux besoins publics de
Villa de Asperis.

On dira peut-être que ces textes accusent des prétentions évi-
dentes à l'indépendance et à la souveraineté ; mais non un état de
choses reconnu et consacré au point d'éteindre toute autre prétention et compétition. De fait nous trouvons que le Dauphin voulut,
en 1345, faire acte de suzeraineté sur *Villa de Asperis.* C'était
interrompre bien tard une prescription de quatre siècles. Le cardinal
d'Ostie, Pierre de la Colombière, alors Prieur de *Villa de Asperis,*
aurait refusé l'hommage, et un procès s'en serait suivi, nous ne
savons devant quelle juridiction. C'est ce que raconte Guy-Allard.
Mais une pièce authentique, dont des fragments ont été récemment
publiés dans le *Bulletin de la Société d'études des Hautes-Alpes,*
nous édifiera pleinement à ce sujet.

Lorsque, en vertu de la cession d'Humbert II, l'héritier pré-
somptif de la couronne de France eut désormais le titre et les droits
du Dauphin, le Dauphiné ne fut plus gouverné que par des délégués.
Ceux-ci, plus zélés pour les intérêts de leur maître que leur maître
lui-même, s'attachèrent à étendre son autorité sur tout ce qui
appartenait géographiquement à son apanage. Ont-ils vraiment
réclamé hommage lige de la part des habitants du prieuré *de
Asperis ?* Cela ne paraît pas douteux, mais ils durent abandonner
ces prétentions, et la chose est d'autant plus remarquable que les
seigneurs circonvoisins avaient tous fini par prêter successivement
hommage. Avec l'université *de Asperis,* le différend se termina au
moyen d'une transaction rendue nécessaire par les circonstances.
On comprend qu'un état aussi petit que ce Prieuré était incapable
de se suffire à lui-même contre les attaques qui pouvaient survenir
du dehors, et la paix dont il jouit pendant quatre siècles s'explique
moins par une résistance efficace que par le respect des droits
d'autrui, dont cette époque si calomniée donnait si fréquemment
l'exemple. Les temps allaient changer, et l'alliance et la protection
d'un prince puissant étaient sur le point de devenir indispensables
aux tout petits états. Hélas ! cette tutelle, nous le verrons bientôt, fut
assez inutile. D'autre part, le Dauphin, suzerain incontesté des sei-
gneuries voisines, avait intérêt à supprimer tout élément de division
dans cette partie du Dauphiné. C'est pourquoi une convention fut
signée en 1359, mais sur un pied d'égalité, entre le représentant du

Dauphin, Charles, d'une part, et le Prieur et les consuls de *Villa de Asperis*, d'autre part. Ceux-ci acquirent ainsi le droit précieux de sauve-garde (*salvam gardiam*) ; mais ils s'obligeaient, de leur côté, à fournir au Dauphin cinquante hommes armés et à lui payer une contribution de 100 sous par an. Ils obtenaient en outre l'usage de plusieurs droits de moindre importance sur les territoires voisins du leur. L'acte de la transaction fait mention d'un contrat semblable signé du temps du Dauphin Jean, qui était alors même le roi de France, Jean le Bon ; ce fut probablement une première convention qui termina le différend soulevé, quelques années plus tôt, du temps du Prieur cardinal d'Ostie. Or, s'il est vrai que, dans les débats qui précèdent la transaction, les représentants du Dauphin prétendent que leur maître a droit de suzeraineté, cette prétention ne dépasse pas le préambule, et l'acte même, qui termine tout, n'y fait plus même allusion. Preuve évidente que l'indépendance du Prieuré était reconnue de ceux-là même qui avaient intérêt à la contester (1). A cette époque, le droit rétablissait encore l'égalité entre le fort et le faible.

Plus tard, au siècle suivant, quelques difficultés ayant surgi entre le Prieur et les consuls au sujet de l'interprétation des *Statuts*, le différend fut porté devant la cour Delphinale. Celle-ci jugea-t-elle souverainement? Elle ne fit pas même acte de juridiction. Elle nomma une commission *arbitrale*, et la commission arbitrale, après avoir déterminé la valeur des monnaies dont il est parlé dans les *Statuts*, ce qui était précisément le sujet du litige, ordonna purement et simplement la transcription de la charte de 1302, où l'indépendance du Prieuré est plusieurs fois formellement affirmée.

Il ne paraît pas qu'on ait jamais procédé autrement jusqu'à la révolution française, qui fut une orgie épouvantable de la violence dévorant tous les droits. La cour Delphinale laissait le Prieur *de Asperis* jouir en paix de sa juridiction (2), et se contentait, quand l'université *de Asperis* et le Seigneur recouraient à ses bons offices, de renvoyer les parties à leurs *Statuts* municipaux. Et voilà ce qui

---

(1) V. *Bulletin de la Société des Hautes-Alpes*, nº 4, 1882.
(2) Le Dauphin nommait quatre baillis pour l'administration de la justice dans le Gapençais ; mais nulle part on ne trouve que la vallée du Grand-Buëch fasse partie du territoire de leur juridiction. Un châtelain rendait la justice au nom du Dauphin sur la frontière *de Asperis*, à *Seille*.

explique pourquoi les archives du vieux Dauphiné n'ont pas de document qui se rapporte à *Villa de Asperis* : on ne s'occupait pas plus de ce prieuré que d'un pays étranger.

II

Les constitutions locales du moyen âge sont de la plus riche variété ; et, si la curiosité trouve toujours son compte à les examiner en détail, il est téméraire de conclure de l'une à l'autre. Ainsi, à l'extrémité opposée des Hautes-Alpes, Briançon avait acheté ses libertés communales à prix d'or, du Dauphin Humbert II. Dès ce moment, les bourgeois de cette ville formèrent un corps fermé et singulièrement jaloux de ses prérogatives. Ils gouvernaient avec hauteur et se faisaient remarquer par une dureté toute démocratique envers les petits et surtout envers les nobles, qu'ils ne souffraient pas même auprès d'eux, les forçant en dépit des ordres du roi, par des violences brutales, à s'éloigner de leur territoire. Au sud-ouest des Baronies, Raymond de Lachau affranchit, au treizième siècle, les manants de sa seigneurie, « par amour de Dieu et par haine de son fils, » qui lui avait manqué gravement. Il abandonnait entièrement l'administration de Lachau à quatre consuls nommés par les habitants, se réservant seulement quelques redevances territoriales et quelques corvées (1). Lachau n'a pas d'histoire et aucun fait ne nous apprend si son gouvernement démocratique imitait celui de Briançon. Mais nous savons que la concentration de tous les pouvoirs dans un groupe d'hommes, surtout s'ils ont des égaux pour administrés, constitue le pire de tous les états. La commune *de Asperis* avait été conçue sur un tout autre plan.

Il est parfaitement vrai que le Prieur était seigneur de son prieuré, et possédait *au fond* tous les droits seigneuriaux, souverains même, sauf le droit suprême de son abbé. Mais *en fait*, il n'en avait qu'une part, les hommes de sa ville, affranchis par le fondateur du Prieuré, sont toujours qualifiés, dans les actes officiels, d'hommes francs et libres, ce qui les met, à un point de vue, sur un pied d'égalité avec lui. Cette quasi-égalité s'affirmait d'une manière solennelle à l'installation de chaque Prieur nouveau. Les habitants étaient obligés par les *Statuts* de lui faire hommage lige ; mais immé-

(1) Cf. *Bulletin de la Société d'Etudes des Hautes-Alpes*, 2e année, n° 4, p. 418, et 3e année, n° 1, p. 69.

diatement après (*in continenti*), le nouveau Prieur devait jurer, la main posée sur les saints Evangiles, qu'il observerait fidèlement et ferait observer par ses officiers les *Statuts* et les constitutions de la communauté. Si, requis de prêter ce serment le jour ou le lendemain de son arrivée par les consuls ou les conseillers de l'*Université*, il refusait de le faire, les hommes *de Asperis* se trouvaient par là déliés eux-mêmes de leur serment de fidélité et du devoir d'obéissance envers le Prieur. (*Nisi juramentum prædictum præstaret dictus Prior, prædicti homines fidelitatis juramento per eosdem primitus præstito minime essent adstricti nec ei teneantur obedire.*) Mais, comme il faut même alors laisser le champ libre à l'indulgence, on ajoute que, malgré ce serment, le Prieur pourra toujours adoucir les peines portées par les *Statuts* ou se relâcher de ses droits.

La constitution de Vervins fut *octroyée* par le sire de Coucy. Les *Statuts de Asperis* ne sont pas *octroyés*. C'est plutôt une convention entre le seigneur et ses vassaux, que dis-je? par une fiction hardie, le législateur, représenté par l'abbé d'Aurillac, le Prieur et les délégués de la communauté, forme comme une seule personne morale qui ordonne et décrète. Tous les chapitres des *Statuts*, depuis le premier jusqu'au dernier, commencent par ces mots *statuimus et ordinamus*, qui sont attribués aussi bien aux vassaux qu'au Seigneur et au Suzerain. Pouvait-on déclarer d'une manière plus significative que la législation de la communauté *de Asperis* était, en un sens très vrai, son propre ouvrage? Ainsi le pouvoir législatif, si ce terme n'est pas trop ambitieux pour un état si modeste, était possédé solidairement par le seigneur et ses hommes. Peut-être ce système est-il préférable à celui qui l'attribue tout entier au peuple et ne laisse au chef de l'État que le privilège de remplir, à l'égard des lois nouvelles, les fonctions d'une machine à signer.

Le Prieur n'avait retenu pour lui que le pouvoir judiciaire, et encore ne l'exerçait-il pas directement, sauf le cas d'appel : c'était presque un roi constitutionnel. Il était obligé par les *Statuts* d'établir, évidemment à ses frais, une cour de justice, qui comprenait un juge, un bailli (*bajulus*), un notaire au moins et un huissier (*nuntius* seu *mandaterius*). Ces officiers devaient avoir les connaissances que demandent leurs fonctions; les trois premiers étaient choisis parmi les hommes habitués à l'étude du droit civil et du droit canonique. L'honnêteté surtout était requise de leur part, et, pour être investis de leur charge, ils juraient d'observer l'équité en tout, d'appliquer les *Statuts* et de recourir au droit commun pour les points sur lesquels le code communal garde le silence (1). Le bailli était plus spécialement préposé à l'instruction des procès et à l'exécution des ordonnances et des sentences du juge; l'huissier, qui portait les insignes de la cour (2), était aux ordres des officiers supérieurs. S'il était envoyé pour citer quelque partie à la requête d'un demandeur, il avait droit à une obole à l'intérieur de la ville, à un denier dans les faubourgs.

Le Prieur était tenu d'établir encore deux autres sortes d'officiers d'un ordre tout à fait inférieur, des crieurs publics (*cridæ*) et des gardes champêtres. Ceux-ci portaient un nom moins trivial, on les appelait *bannerii, baneriers*, c'est-à-dire chargés de faire observer les bans du Seigneur qui concernaient le bon ordre des cultures. Les crieurs et les baneriers devaient prêter serment, avant d'entrer en fonction, de remplir fidèlement leurs charges. Les crieurs étaient attachés au service de la cour; mais les simples particuliers pouvaient user de leur ministère pour faire annoncer dans la ville des marchandises à vendre, seulement le crieur devenait responsable lorsque la marchandise se trouvait être de mauvaise qualité (3).

L'exercice du pouvoir judiciaire n'était pas précisément considéré comme un avantage; c'était une charge à laquelle le Prieur, d'après les *Statuts*, était tenu et obligé. Il avait également le devoir de porter des ordonnances (*mandamenta*) pour procurer l'observation des *Statuts*, lorsque les circonstances rendaient cette mesure

(1) Voici le chapitre qui concerne le Juge. « Item statuimus et ordinamus quod Dominus Prior de Asperis et successores sui habeant et habere teneantur Judicem unum jurisperitum, bonum et legalem, et bonæ famæ qui publice juret quod, sine omni lucro iniquo vel legibus prohibito, jus faciat vel reddat secundum leges et canones et consuetudines et statuta præsentia et infra scripta prout juste et æque secundum diversitatem negotiorum videbitur expedire, ita tamen quod non obstante jure civili vel canonico vel consuetudinario præsentia statuta in suis casibus determinata omnino serventur. »

(2) Les armes de la cour étaient d'azur avec quatre coquilles d'or en losange; celles du Prieur, d'argent au lion de gueules.

(3) Item statuimus et ordinamus quod crida non debeat cridare vinum aliquod pro bono et franco nisi francum et nitidum et bonum fuerit, nec ante debeat cridare nisi de eo primo constaverit (*gustaverit?*); et quod incontinenti quo fuerit requisitus debeat cridare bona fide tam pro uno quam pro alio, et nullam moram facere in cridando ad damnum alterius; et quod non cridabit aliquam rem putridam vel corruptam scienter pro bona, et si contra præsens statutum et præcedens faciat aliquid solvat pro qualibet vice et puniatur in quinque solidis.

opportune. Là s'arrêtait son pouvoir, et l'on voit que rien n'était laissé, dans le gouvernement de ce petit état, à l'imprévu, ni même à l'arbitraire.

Si l'administration était un service gratuit rendu par le Seigneur à ses vassaux, celui-ci avait, indépendamment de ses fonctions publiques, des droits à titre de propriétaire terrier que l'on a trop souvent considérés comme des charges sociales pour les vassaux et qui de fait étaient des obligations contractuelles, de même espèce que celles qui s'établissent par un consentement mutuel entre un fermier et son propriétaire ou entre un acheteur et un vendeur. Sauf la dîme, qui était un impôt ecclésiastique, le Prieur *de Asperis* semble n'avoir exigé que des redevances de cette nature, lesquelles devaient être singulièrement variées à cause de la diversité des formes que peuvent prendre des contrats. En somme, il n'en résultait pas des charges bien onéreuses pour les hommes *de Asperis*. On a dit avec grande raison que le seigneur Etat est devenu aujourd'hui d'une habileté consommé dans l'art de dissimuler ses exigences fiscales, ou, suivant une expression familière, dans l'art de plumer la poule sans la faire crier. Nous payons au gouvernement pour le pain que nous mangeons, pour le vin et pour l'eau même que nous buvons, pour l'air que nous respirons, pour la lumière qui nous éclaire, pour tout en un mot; mais qui s'en aperçoit? Les anciens étaient moins habiles; ils finirent même par laisser croire qu'en exigeant ce qui leur était dû purement et rigoureusement à titre de propriétaires, ils élevaient des prétentions gratuites. Nous ne trouvons cependant nulle part de traces de plaintes contre les exigences de leur Seigneur formées par les hommes *de Asperis*, et nous savons d'ailleurs que les descendants modernes de ces derniers sont singulièrement âpres en matière de finance. Il nous est permis d'en conclure, croyons-nous, que le Seigneur procédait avec une grande modération. Voici du reste un article des *Statuts* pour prévenir toute injustice dans la perception des revenus de la Seigneurie.

« Nous statuons et ordonnons que, s'il arrive que le Seigneur Prieur, par lui-même ou par l'acheteur (officier du monastère, croyons-nous), perçoive le *feudum* ou cens, ou les tailles, ou les dîmes du vin, il fasse jurer, chaque année, publiquement, devant trois ou quatre hommes de la ville, ses *favaterios* (?) et ses collecteurs qu'ils ne mettront dans ses greniers ou ailleurs rien de plus que ce qui est dû et qu'ils se conformeront aux usages accoutumés en cette matière, exerçant honnêtement et légalement leur fonction au nom du Seigneur Prieur. » Il ne faut pas oublier que les hommes *de Asperis* avaient contribué pour leur part à la rédaction de cet article des Statuts, comme à celle de tous les autres. Les usages suivis jusqu'alors en cette affaire leur semblent donc louables et dignes d'être conservés. Ils auraient parlé d'autre sorte, s'ils avaient cru devoir se plaindre.

Une charge d'une signification franchement onéreuse pour le vassal était la corvée. Le Prieur *de Asperis* imposait, lui aussi, des corvées, et voici dans quelle étendue. Quiconque avait un bœuf devait au Prieur deux corvées au temps des semailles et une au temps de la moisson, si toutefois il en recevait le mandement. Quiconque avait un âne, devait chaque année, entre la fête de saint Martin et la Noël, apporter une charge de bois ou au Prieur ou à l'église de saint Géraud; il avait le droit de prendre le bois seulement aux portes de la ville, et son obligation cessait en tout autre temps de l'année (1). Et c'était tout. Ce n'était vraiment pas une charge bien accablante. Les plus pauvres n'y étaient pas astreints. Qui peut se soustraire aujourd'hui à ce qu'on appelle les *prestations en nature* et qui sont tout bonnement de pures corvées avec un nom tiré du dictionnaire barbare de notre bureaucratie?

Mais, n'oublions rien. Le Seigneur Prieur avait des privilèges. Il avait le privilège de vendre quatre-vingts charges (2) de son vin avant les hommes de son Prieuré, et une obole au-dessus du prix courant. Le vin devait être pur et non frelaté, et être mis en vente à la Saint-André. Pendant ce temps la vente au détail était interdite dans toute la ville. Le prieur avait encore le privilège de mettre jusqu'à cinq bœufs et non plus dans les prés, lorsqu'il y avait licence de pacage. Enfin, il avait aussi le privilège d'interdire absolument (probablement à toute bête paissante) le pré de sa manse (*pratum mansillæ*). C'est maintenant un droit pour tout Français, propriétaire d'un pré. La révolution a servi à quelque chose.

Sous un tel seigneur, les vassaux devaient jouir de droits politiques très vastes. D'abord la communauté avait le droit de se réunir, quand elle le jugeait à propos, pour délibérer sur ses pro-

____

(1) Raymond de Lachau, en affranchissant ses vassaux, s'en était réservé au moins le double.

(2) Cette mesure valait un peu plus d'un hectolitre.

pres affaires. Une seule condition lui était imposée dans l'exercice de ce droit, il fallait que le Prieur en fût informé ; en son absence, on prévenait le bailli ou du moins le sacristain, afin, sans doute, qu'il laissât libre l'accès du clocher. Alors le signal était donné avec la cloche de l'église de Saint-Géraud, et les notables se réunissaient dans une salle basse du château, où la délibération commençait en toute liberté. Le Prieur pouvait y assister ou s'y faire représenter.

Les hommes francs et libres *de Asperis* confiaient l'exercice de leurs droits à deux consuls, aidés de quatre conseillers. Le choix de ces magistrats avait lieu dans une assemblée des notables et à la majorité des deux tiers des suffrages au moins. Le Prieur agréait la nomination des consuls ; il ne pouvait récuser les élus, à moins qu'ils ne fussent infâmes, indignes ou incapables, mais il devait accepter les subrogés, à la seule condition qu'ils fissent partie des hommes qui habitaient *Villa de Asperis* (*dum tamen dicti consules semper sint de hominibus habitantibus Villam de Asperis*). Le serment de remplir fidèlement leur charge, prêté sur les saints Evangiles, en présence du Prieur, les investissait de leurs fonctions.

Représentant la communauté ou, comme disent les *Statuts*, l'*Université de Asperis*, les consuls paraissent toujours à côté du Prieur, dans les affaires du dehors ; mais, devant le Prieur, ils soutiennent les droits et les intérêts de leurs commettants, de même qu'ils contractent en leur nom de nouvelles charges et de nouveaux devoirs. C'était la part la plus honorable de leur emploi, mais celle dont l'exercice était le moins régulier.

Le service des travaux nécessaires ou simplement utiles à la ville demandait une application à peu près continuelle : il rentrait dans leurs attributions. L'entretien des routes, des chemins, des rues, des fontaines, la réparation du mur d'enceinte, des tours, étaient commis à leurs soins. Ils avaient à cet effet, comme aussi pour payer la redevance consentie au Dauphin, le droit de prélever une contribution spéciale appelée *emolumentum vinteni*, et le bailli était obligé de leur prêter assistance pour cette perception.

Il n'est pas étrange que les consuls eussent le soin des murailles de la ville, car c'est à eux qu'il était réservé de défendre le Prieuré par les armes. Tout homme *de Asperis* était soldat, et tel était le respect dont la loi l'entourait à ce titre, qu'elle déclarait ses armes judiciairement insaisissables. Le bailli ordonnait les patrouilles de nuit lorsque cette mesure semblait nécessaire ; mais tout le monde avait le droit de courir aux armes dès qu'un danger semblait le demander (1), ce dont tout le monde était juge ; il fallait se souvenir toutefois que l'on doit rester dans les limites de la justice, même en se défendant. Les barbares de l'ancien régime auraient pu donner plus d'une leçon utile de modération à nos modernes civilisés.

Le pouvoir des consuls semble moins élevé que celui du Prieur. Mais, si l'on veut bien remarquer que celui-ci était en somme tout moral, et que les consuls disposaient d'une force armée, on reconnaîtra qu'en définitive c'est de leur côté que se trouvait la puissance, du moins suivant les principes de la politique moderne. Deux heures leur auraient suffi pour forcer le château-monastère et précipiter du haut de ses tours le Prieur et ses moines. Or jamais la pensée de telles revendications violentes ne leur est venue à l'esprit ; durant des siècles, ils font preuve de la soumission la plus complète et la plus inaltérable, pendant que leur Seigneur faisait preuve de la plus étonnante confiance. Le premier procès survenu entre les consuls et le Prieur est de 1438. A cette époque il y avait cinq cents ans déjà que la paix n'avait pas été troublée et que l'harmonie la plus parfaite régnait entre gouvernants et gouvernés. Or sait-on bien de quoi se plaignait l'*Université de Asperis* en 1438 ? Qu'un juge, nommé Charrier, abusant de l'ignorance où on était tombé au sujet de la valeur exacte des monnaies, surélevait les amendes prévues par les *Statuts*. Le juge, de son côté, se défendait en disant que la modicité des peines compromettait l'efficacité de la répression. Or la sentence arbitrale du parlement se borna uniquement à préciser la valeur des monnaies désignés dans les *Statuts* et à ordonner la transcription intégrale de l'instrument de 1302, devenu en plusieurs parties difficilement lisible par l'effet du temps. Cela prouve que l'on était assez content, de part et d'autre, de ces vieilles lois. Nous voyons du reste, par la suite de l'histoire locale, que les *hommes de Asperis*, y étaient singulièrement attachés. Malgré les troubles et les bouleversements que produisirent parmi eux les guerres de

(1) *Item* statutum et ordinatum fuit quod homines de Asperis impune et sine licentia alicujus cum armis vel sine armis [*adcurrere possint*] ad clamorem vel ad tumultum qui fuerit in territorio de Asperis vel in aliqua parte ejusdem, ad locum ubi dictus clamor et tumultus fieret intra territorium prædictum, dum tamen offensionem seu violentiam indebitam non faciant alicui communitati ; qui tamen violentiam vel offensam fecerit seu commiserit minus juste, quod puniatur juxta formam statutorum.

religion, ils n'eurent jamais ni d'autre code, ni d'autre constitution jusqu'à la révolution française. Connaît-on beaucoup de gouvernements qui, disposant de la force, aient, comme ce petit état, dont la puissance était surtout morale, fonctionné sans obstacle et donné la paix intérieure pendant une durée continue de plus de huit siècles? Que l'on pense à la rapidité vertigineuse avec laquelle les constitutions succèdent aux constitutions dans notre France moderne! Il n'y a pas de progrès sans changement, dira-t-on. Mais pourquoi changer, si l'on a ce que l'on désire? et ne sait-on pas que, à moins que d'être superficiel, le changement de ce qui est bien, c'est proprement la ruine?

La commune bénédictine *de Asperis* n'était pas une société civile, dont les éléments résistent toujours plus ou moins à la force qui tend à les unir; c'était presque une famille, dont les membres prenaient à cœur les intérêts les uns des autres, sans égard au degré de la hiérarchie. Les *Statuts* en ont conservé un exemple qu'il est bon de rappeler.

Contre l'étranger, il y avait solidarité entre tous les habitants, depuis le Seigneur jusqu'au dernier manant; tous devaient prendre fait et cause pour chacun. Il était enjoint au Prieur et à toute la communauté de protéger par toutes les voies possibles, par la force et par les moyens légaux, quiconque faisant partie de l'université *de Asperis* aurait reçu quelque injure dans ses biens, dans sa personne ou dans ses droits, de la part d'un étranger (1). Aussi n'entrait pas qui voulait dans la communauté : il fallait être digne de la famille. Les usuriers en étaient à tout jamais exclus. Quant aux honnêtes gens, ils devaient, pour être admis, jurer sur les saints Evangiles « d'être l'homme fidèle du Seigneur Prieur, de l'Eglise *de Asperis* et des hommes de *Villa de Asperis*, et d'être fidèle habitant, voisin et municipant dudit lieu ».

Puis, comme gage de bienvenue, ils étaient déclarés libres des charges ordinaires pendant toute l'année qui suivait leur serment.

---

(1) *Item* statuimus et ordinamus quod, si aliquis de Asperis, quod Deus avertat, fuerit derobatus vel captus vel ab aliquo qui non fuerit de Asperis injuriatus vel male tractatus in persona propria sua vel suorum vel juribus suis in toto vel in parte, quod Dominus prior de Asperis et homines universi de Asperis ipsum injuriatum et læsum [et] res suas debeant repetere et fovere et juvare et manu tenere et defendere.

III

Il ne sera peut-être pas sans utilité d'entrer dans quelques détails au sujet des lois spéciales de notre commune bénédictine. Nous nous en tiendrons au code judiciaire, qui est d'ailleurs le plus étendu : on dirait que le Prieur, dans l'exercice de sa part de pouvoir, n'avait rien voulu laisser d'indécis, afin de convaincre ses vassaux qu'ils n'auraient jamais rien à craindre de l'arbitraire de sa cour. Outre l'arbitraire, l'administration de la justice peut être viciée par les atermoiements sans fin, par la mollesse ou bien par la dureté excessive de la répression.

On dirait que le code judiciaire *de Asperis* a été rédigé précisément en vue d'obvier à ces désordres.

D'abord il n'est pas possible de marquer avec une précision plus grande ce que la loi défend ou prescrit et ce qu'elle impose à titre de sanction. Ainsi, par exemple, sans parler de l'homicide, qui est jugé d'après le droit commun, les *Statuts* contiennent une énumération complète des dommages personnels et de leur gravité, et parallèlement une échelle de peines proportionnées.

Dans les cas de coups et blessures, le juge devait tenir compte de la partie du corps lésée, de la nature de l'instrument employé à cet effet, s'assurer si la blessure était mortelle, grave ou seulement légère, s'il y avait fracture des os, effusion de sang, ou simplement tumeur ou lividité; il devait s'informer si l'assaillant s'était servi d'un couteau, d'une épée, d'un glaive, d'un hoyau, d'une lance, d'une flèche, d'une massue de fer ou de plomb, d'un autre instrument contondant en métal, d'un gros bâton, d'une pierre, d'une verge et enfin du poing ou de la paume de la main; mais surtout il lui était imposé de rechercher le mobile de l'agresseur, s'il avait agi de propos délibéré (*a pensato*), par imprudence, pour nuire, pour injurier, par colère.

Il n'y avait pour tous les délits qu'une sorte de peine diversement graduée. Après avoir été condamné à réparer les dommages causés par lui, le coupable était en outre soumis à une amende envers la cour. Les blessures graves étaient passibles d'une amende de 60 sous au maximum, et l'échelle s'abaissait graduellement jusqu'à 3 sous, à mesure que décroissait le dommage et l'injure. Le soufflet, par exemple, se payait 5 sous, quand il était accompagné de rougeur; sinon, il ne coûtait plus que 3 sous. Secouer quelqu'un sans le faire tomber se payait 3 sous, mais 5 sous si la chute s'en était suivie. Les femmes en général, sans doute en raison de la faiblesse de leur sexe, étaient mieux protégées par la loi. Ainsi les qualifications injurieuses adressées à une honnête femme (*meretricem, ruffianam, dextralem, putam, fachineriam, latronam, vel similia*) encouraient une amende de 10 sous; mais à l'égard d'un homme, les épithètes injurieuses (*latro, fur, proditor, falsus, pernicius, hæreticus, de falso ligneagio*) n'étaient frappées que de 5 sous de peine. Il est digne de remarque que les injures étaient plus sévèrement punies que les moindres voies de fait.

Les amendes non payées soumettaient le condamné à la *pigneratio* : la cour faisait alors saisir et vendre par le bailli une partie de ses biens, meubles ou immeubles, jusqu'à concurrence de l'amende et autres frais, sous certaines réserves dont nous parlerons bientôt. Dans quelques circonstances, l'amende était remplacée par une peine singulière qui prouve un bien vif sentiment de la pudeur chez les habitants de *Villa de Asperis*, puisque la loi punissait quelquefois les coupables parmi eux en mettant ce sentiment à l'épreuve. Voici le premier cas, nous citons en latin : « Item statuimus et ordinamus quod si quis uxoratus meretricatus fuerit et convictus de meretricio solvat curiæ 60 solidos et unum denarium, et si solvere non potuerit vel noluerit, *currat nudus per villam* una cum dicta muliere una cum eodem in adulterio deprehensa. » Evidemment la femme était dans un costume plus décent. Cette pénalité paraît n'avoir été qu'un expédient pour tirer d'affaire les auteurs insolvables d'actes d'ailleurs réputés infâmes; car elle revient plusieurs fois à ce titre dans les *Statuts*. Le voleur qui a volé de plein jour et hors des maisons un objet d'une valeur inférieure à 10 sous, est condamné à restituer et à 5 sous d'amende; s'il ne le peut, *currat nudus per villam*. Mais les récidivistes pour la troisième fois sont soumis sans condition à la peine honteuse puis exilés à perpétuité : *Currat nudus per villam cum furto super se portando et exuletur perpetuo a Villa de Asperis et ejus territorio.* A la peine honteuse s'adjoignait, dans un cas, une peine inflictive; il n'y en a pas, croyons-nous, d'autre exemple. Le voleur qui pénétrait de nuit dans une maison, était toujours condamné à la plus forte amende du code, qui était de 60 sous, outre la réparation du dommage; *si solvere non potuerit currat nudus per villam verberatus in die mercatorii cum furto ad collum et exuletur.*

On peut rapprocher de ces *publications*, une mesure préventive qui semble analogue, mais qui n'avait rien d'infamant. Un débiteur qui se déclarait insolvable ou incapable de satisfaire à ses obligations réelles pour cause de pauvreté, devait affirmer son impuissance par serment, après quoi la cour du Seigneur Prieur l'obligeait de parcourir la ville, accompagné de l'huissier ou de tout autre commis qui le tenait par la main ou par les habits, pendant que le crieur officiel criait en allant d'un bout à l'autre de la ville, dans trois directions différentes : « Voyez cet homme qui ne peut payer ses dettes ; gardez-vous désormais de lui rien vendre, de vous faire sa caution ou d'accepter ses dépôts. Celui qui contractera avec lui n'aura pas de justice à espérer, puisqu'il ne peut plus payer. » Toute poursuite cessait contre le malheureux débiteur, mais il n'en restait pas moins engagé envers ses créanciers pour les biens qu'il pouvait acquérir dans l'avenir.

La *pigneratio* était réglée de cette sorte. Le bailli agissait sur les biens meubles, puis sur les immeubles du condamné. Quand la valeur de ces biens ne suffisait pas, il procédait de la même façon contre les *fidejussores*, contre ceux qui avaient servi de caution. Mais, dans la saisie des meubles, la garniture des lits, les vêtements, les *armes* et les bœufs de labour étaient toujours réservés. Les biens placés sous gage par la cour étaient gardés un certain temps afin que le débiteur eût la facilité de les racheter à un prix capable de le libérer de sa dette. Après un délai qui n'est pas marqué, le gage était vendu ; mais d'abord les proches du condamné avaient droit d'être préférés à tout autre acheteur étranger ; l'excès du prix sur la dette judiciaire devait être fidèlement rendu au débiteur, qui se trouvait définitivement libéré. Le sequestre n'avait lieu que pour les hommes *de Asperis* ; les biens gagés sur des étrangers étaient gardés pendant quatre jours seulement, puis vendus à l'enchère le jour de marché le plus prochain.

Quant à la procédure, en voici un exemple. Le juge, le bailli et le notaire de la cour avaient l'obligation d'accueillir d'une manière convenable les plaignants et de les écouter en paix, *audiant bene et pacifice*, et de faire citer le prévenu ou par l'huissier ou par le plaignant lui-même muni des insignes de la cour. Quand le demandeur et le défendeur étaient présents, le premier devait d'abord donner caution, le second la donnait ensuite ou, s'il ne le pouvait pas, il prêtait serment d'obéir à la justice. Cette formalité remplie, le demandeur exposait sa plainte et, s'il s'agissait d'une affaire inférieure à cent sous, le défendeur était obligé de répondre sur-le-champ. S'il y avait raison d'hésiter, la cause était renvoyée au lendemain pour le prononcé de la sentence. Sur son aveu, le défendeur recevait mandat de payer dans les dix jours la somme réclamée, sous peine de voir saisir tout ou partie de ses biens. Quand le défendeur niait, on en venait à la preuve par témoins. Quatre jours étaient d'abord accordés à la discussion et à l'examen des pièces, puis de quatre à huit jours au plus à l'audition des témoins et à la contestation, et enfin la sentence définitive était prononcée l'un des quatre jours suivants.

Dans les différends au-dessus de 100 sous, le défendeur pouvait exiger que la demande lui fût judiciairement remise par écrit et on lui accordait huit jours pour préparer sa réponse. Après cela, huit jours étaient accordés à la discussion, puis huit jours à la contestation par témoins. Huit jours étaient encore accordés à la discussion après les témoignages, et la sentence définitive devait être rendue dans les huit jours suivants. La production d'un acte dressé par le notaire officiel abrégeait singulièrement la procédure, quand l'objet de la demande y était contenu. Alors le juge ordonnait immédiatement l'exécution de la convention, pour les dix jours suivants, à moins que le défendeur ne soutînt que l'acte était faux ou qu'il avait payé tout ou partie de sa dette, et, en ce cas, on procédait comme ci-dessus (1).

La citation des témoins ou de tous autres par la cour se faisait avec la plus grande simplicité et la plus grande célérité. Voici comment parlent les *Statuts* à ce sujet. « Nous statuons et ordonnons que si quelqu'un, étant appelé par l'huissier ou par tout autre portant les insignes de la cour, ne se rend pas à l'ordre reçu, il paye six deniers, à moins qu'il ne soit infirme, ou à table, ou au bain, ou à quelque occupation pressante ou à se raser ; la femme (peut différer) si elle pétrit ou met au four (2), ou si elle est à des funérailles domestiques ; » en un mot, toute occupation qui ne peut se suspendre est une excuse légitime dont le juge décidera ; mais, la

---

(1) Ces longueurs relatives étaient épargnées aux veuves et aux orphelins, que le juge avait l'obligation d'entendre et de juger sur-le-champ *de plano et sine strepitu.*

(2) Le texte porte *tornaret*, ce qui n'offre pas de sens ; nous lisons *fornaret.*

chose finie, celui qui est cité doit aussitôt se rendre à l'appel. « En outre, nous statuons et ordonnons que celui qui, après avoir été cité, quitte le tribunal sans licence du juge, sera condamné par la cour à six deniers d'amende. » Et puisque nous touchons aux moyens coercitifs employés par la procédure, ajoutons encore ceci. La partie qui, sommée par la cour, refusait de donner caution ou de prêter serment d'obéissance à la justice, était tenue pour consentante à la demande et condamnée. Le témoin qui, dans les causes soit civiles soit criminelles, refusait de prêter serment, était frappé d'une amende de douze deniers pour la première fois, à la seconde, il était retenu captif jusqu'à ce qu'il eût obéi. Le parjure était passible d'une amende de 20 sous et en outre forcé par le juge à tenir son serment.

Nous n'avons rien à dire ici, on le comprend, des ordonnances qui concernent la propreté, la police, le bon ordre dans l'intérieur de la ville, ou qui protègent les fruits de la campagne. Rien n'est oublié; les intérêts, le bien-être de la communauté, sont l'objet d'une sollicitude dont nos municipalités modernes mêmes donnent rarement l'exemple. Rappelons seulement que les *Statuts* ont grand soin de protéger les consommateurs contre les fraudes du petit commerce, et il n'y en avait pas d'autres en ce temps-là. Les ruses des bouchers, des boulangers, des marchands de vin, des meuniers et des fourniers sont prévues et punies suivant leur gravité (1). Les mesures fausses, c'est-à-dire non conformes *non echandillatæ* aux types de la cour, étaient brisées, et leur usage était puni d'une amende.

En somme, des amendes depuis quelques deniers jusqu'à 60 sous et 1 denier, quelquefois l'exil, une exposition honteuse pour les insolvables infâmes, tel est le genre de peines statuées par le code pénal *de Asperis*. Assurément il est peu de législations aussi douces, et l'on se demanderait comment la paix et l'ordre de la cité y trouvaient une garantie assez efficace, si l'on ne savait que la rapidité

---

(1) Citons comme exemple le chapitre des *pétrisseuses*. « Item statuimus et ordinamus quod bajulus Domini Prioris compellat pistorissas quod faciant bonum panem et bene coctum, et quod non ponant fabas nec farinam fabarum cum farina panis albi, nec ullam farinam cum farina panis frumenti per juramentum earumdem pistorissarum præstandum, nec per aliam personam apponi faciant; ut si contra fecerint admittant panem, si exstat panis, qui panis detur in eleemosynam pauperibus, et si panis venditus esset, puniatur in valore panis venditi illa vice. »

et la fermeté de la répression l'emportent de beaucoup sur la sévérité, lorsque la loi n'est appliquée qu'avec lenteur et avec toutes les complications d'un vaste appareil.

Ajoutons que le législateur *de Asperis* mettait une grande confiance dans l'efficacité coercitive du serment. Investiture de fonctions, introduction de causes, dépositions de témoins, cautions données ou suppléées, tout était placé sous la sanction de cet acte religieux. La crainte de Dieu était au fond la véritable sauvegarde de l'ordre, de la concorde et de la prospérité de notre commune bénédictine.

On a dû remarquer aussi que la prison n'est pas même nommée dans sa législation répressive. L'*habeas corpus*, dont les Anglais sont si fiers, a toujours été pratiqué, non seulement à l'égard des prévenus, mais pour les condamnés eux-mêmes, à *Villa de Asperis*.

IV

La commune bénédictine *de Asperis* eut pendant cinq ou six siècles au moins une existence prospère sous l'administration seigneuriale du Prieur de Saint-Géraud. En plein moyen âge, elle était pourvue de tout ce que comporte une vie sinon confortable, du moins aisée : moulins, fours, boulangeries, boucheries, tanneries, moulin à foulon. La simple lecture des *Statuts* montre qu'on y vivait dans l'abondance. Dès cette époque, l'irrigation de la campagne, ce que l'on regarde comme un grand progrès en agriculture, était pratiquée dans la plaine formée par les alluvions du Buëch, grâce au canal des moulins qui la parcourait suivant sa longueur, et de nos jours encore les petits propriétaires voisins de ce canal observent les restes d'un règlement probablement antérieur à Hugues Capet. Ce même canal servait à faire flotter les bois nécessaires à la consommation des habitants.

Nous l'avons dit, les voyageurs trouvaient à *Villa de Asperis*, hors de l'enceinte, sur la route d'Italie, un hospice, et les malades pauvres de la ville avaient un refuge tout prêt à la *Malatière*. Voici l'article des statuts qui concerne ces deux établissements. « Nous statuons et ordonnons que le Seigneur Prieur sera tenu de garder et conserver l'hospice et la Malatière *de Asperis* dans leur bon état précédent et même meilleur, sans diminuer en rien leurs propriétés mobilières ou immobilières, de laisser dans les dites maisons les gouverneurs désignés pour le temps avec les frères ou les convers utiles et nécessaires, et un conseil composé de quatre hommes honnêtes choisis parmi les habitants de la ville, avec deux chapelains paroissiaux de l'église de *Asperis*. »

Ces deux maisons, entretenues sur un tel pied, sont une preuve sans réplique de la charité des moines bénédictins. Mais voici qui prouve mieux encore la prospérité qu'ils avaient le talent de faire naître autour d'eux. Quand on considère l'étendue du territoire du prieuré *de Asperis*, qui n'avait peut-être pas huit kilomètres dans sa plus grande longueur, son peu de fertilité, étant formé pour la plus grande part de cailloux roulés par le Buëch et d'un peu de terre végétale, la difficulté des communications avec le dehors à cause des barrières opposées par les montagnes, on demeure convaincu que le monastère offrait par lui-même des ressources et des garanties qui compensaient amplement l'indigence et l'insuffisance du sol, et exerçaient une attraction assez puissante sur les populations voisines pour constituer peu à peu autour du monastère une ville de troisième ordre.

De nos jours, *Villa de Asperis* est devenue une petite localité d'environ huit cents habitants qui vivent avec peine des fruits de leurs récoltes. Les règlements d'ordre, de propreté ne sont plus même un souvenir ; mais ce ne sont là que les moindres signes de sa décadence. De l'hospice et de la *Malatière*, on a conservé les noms que portent les champs où ces bâtiments s'élevaient. De trois faubourgs sur quatre, il ne reste pareillement que les noms dont la signification n'est maintenant connue que des curieux des choses du vieux temps. La moitié de la ville, la mieux située, n'a laissé que quelques ruines ; une croix marque la place du château, et deux tours seulement rappellent encore l'enceinte fortifiée.

Cette destruction est l'œuvre de la première révolution, c'est-à-dire, du protestantisme. L'antique Prieuré eut alors à subir les angoisses et les horreurs d'un siège. « Commandée par Lesdiguières, l'armée huguenote entoura la place. Le canon ouvrit ses murailles, et les pétards firent sauter ses portes. Les habitants opposèrent une héroïque résistance et se battirent avec l'énergie du désespoir. Malgré cette vigoureuse défense, le général protestant s'empara de la ville et du couvent-citadelle. Ce malheureux pays fut soumis au plus affreux pillage. Le riche et puissant monastère fut entièrement saccagé, et, le 8 avril 1583, Lesdiguières le fit si bien démolir qu'aujourd'hui il ne reste plus rien, pas même des ruines. Les religieux furent maltraités et chassés, et les huguenots s'emparèrent de leurs dépouilles (1). »

Le même écrivain nous apprend que le farouche Lesdiguières foula pendant trente ans les malheureux restes du Prieuré, qu'il trouvait sur sa route dans ses mouvements à travers les Baronies. « Ces divers passages sont mentionnés dans le journal des opérations militaires du célèbre général. La plupart du temps, il couchait dans cette localité ; il forçait les habitants à rationner ses troupes et à les loger. On comprend tout ce qu'elle dut souffrir des exigences et du maraudage de soldats sans discipline. »

Fondée par un saint à qui elle dut six cents ans de prospérité, la commune bénédictine *de Asperis* fut à peu près détruite par un chef protestant. Il est probable que les moines chassés par Lesdiguières abandonnèrent pour toujours le Prieuré. Le monastère ne fut point reconstruit, et il est bien sûr qu'il n'y avait pas un seul religieux à *Asperis*, au moment de la révolution. Le Prieur seul continua sans interrègne l'administration de son petit état. Nous remarquons seulement une singularité dans la succession de ces seigneurs monastiques. A partir des premières années du quinzième siècle, le Prieuré passe dans une famille, qui en devient comme propriétaire. Sauf un nom, celui de Hugues de Ponnat, nous ne rencontrons dans le catalogue des Prieurs que des Rovillasc, jusqu'en 1789. La famille de ce nom s'était établie dans le Prieuré où elle avait acheté des domaines. Nous ne savons trop en vertu de quelle transaction l'abbé d'Aurillac choisissait dans cette famille le Prieur *de Asperis*. Le procureur laïque du Prieuré, qui paraît dans les actes, est toujours un Rovillasc. Une sorte d'hérédité d'espèce nouvelle, c'est-à-dire d'oncle à neveu, et une administration mêlée d'intérêts privés s'étaient substituées à l'œuvre de saint Géraud. La commune y trouva-t-elle son avantage? On peut croire qu'elle y trouva une sorte de compensation, car la tradition de famille se substitua à la tradition monastique désormais impossible, et le respect de la tradition est toujours un grand bien, même dans les petits gouvernements. Il paraît, du reste, que les hommes *de Asperis* acceptèrent volontiers un nouvel ordre qui conservait leurs *Statuts*. Les Rovillasc furent universellement aimés. Le dernier qui ait résidé dans le

____

(1) Allard : *Çà et là dans la vallée du Buëch*, XLVIII.

Prieuré, y est mort en 1834, et nous savons qu'il y a laissé d'una-
nimes regrets, à cause de sa grande bienfaisance.

Mais la commune fondée par saint Géraud ne retrouva plus sa
première prospérité. Lorsque le prince Eugène envahit le Dauphiné
et y commit des ravages à faire oublier ceux des protestants, les
restes de l'antique Prieuré furent épargnés. Catinat y avait mis
quelques troupes ; mais l'on sait que l'envahisseur ne fut nulle part
arrêté par l'armée royale. Une simple femme, Philis de la Charce,
surnommée l'héroïne du *Col de Cabre*, arma les paysans de la
vallée de *l'Oulle*, ranima ceux de la vallée occidentale du Buëch,
et força les Piémontais, qui venaient de mettre à feu et à sang la
vallée orientale, de battre en retraite.

C'est la dernière fois que le Prieuré de saint Géraud paraît dans
l'histoire avec quelque honneur. Depuis il n'a fait que décroître. La
révolution lui a enlevé ses anciennes franchises ; ce n'est plus qu'une
unité voisine de zéro dans la grande patrie. La civilisation moderne,
en lui apprenant, vers la fin du dernier siècle, à défricher ses montagnes pour y semer des pommes de terre, a décharné et frappé de
stérilité une partie de son territoire ; aujourd'hui elle coupe sa jolie
plaine de deux affreuses chaussées de chemin de fer et canalise,
pour la faire s'écouler dans les villes, le peu de vie que l'on y voyait
encore.

Villa de Asperis, qui a eu l'honneur de compter deux cardinaux
au nombre de ses Prieurs, est devenu le très modeste chef-lieu de
canton qui porte le nom fort peu connu d'*Aspres-les-Veynes* (1).

____

(1) On conserve à Gap quelques sceaux de l'antique Prieuré de Saint-
Géraud. Nous croyons devoir en reproduire trois à titre de curiosité à la page
suivante.

L'un, circulaire, porte au centre l'image équestre de saint Géraud, avec
exergue : SANCTVS GERALD(*us*) APE(*ri*)S ✛. C'est probablement le sceau de
l'église.

Un autre, oblong, porte au centre l'image en pied d'un martyr et en
exergue : S(*igillum*) MANFREDI PRIORIS. DE ASPERIS. Sceau d'un prieur.

Un troisième, également oblong, avec quatre coquilles dans le champ,
porte en exergue : S. (*sigillum*) CVRIE. ASPERENSIS ✛. Sceau de la cour.

Sceau de l'église.

Sceau d'un prieur.

Sceau de la cour.
(Minard, sc.)

PARIS. — E. DE SOYE ET FILS, IMPRIMEURS, 18, RUE DES FOSSÉS-SAINT-JACQUES.